¿Cómo se forman las rocas?

Si... Entonces

Amanda Vink

NIÑOS DIGITALES

Superdotados con pensamiento computacional

PowerKiDS press

Publicado en 2018 por The Rosen Publishing Group, Inc. 29 East 21st Street, New York, NY 10010

Autora: Amanda Vink
Traductor: Alberto Jiménez
Directora editorial, español: Nathalie Beullens-Maoui
Editora, español: María Cristina Brusca
Editora, inglés: Caitie McAneney
Diseño del libro: Jennifer Ryder-Talbot

Todas las ilustraciones por Contentra Technologies

Library of Congress Cataloging-in-Publication Data

Names: Vink, Amanda.
Title: ¿Cómo se forman las rocas?: Si... Entonces / Amanda Vink.
Description: New York : Rosen Classroom, 2018. | Series: Niños digitales: Superdotados con pensamiento computacional / Computación científica en el mundo real | Includes glossary and index.
Identifiers: LCCN ISBN 9781538358016 (pbk.) | ISBN 9781538328989 (library bound) | ISBN 9781538358023 (6-pack) | ISBN 9781538358030 (ebook)
Subjects: LCSH: Rocks--Juvenile literature. | Geology--Juvenile literature.
Classification: LCC QE432.2 V56 2018 | DDC 552--dc23

Créditos fotográficos: Cubierta, photogal/Shutterstock.com; pp. 4-5 Frank Chen/Shutterstock.com; p. 6 Martin Gillman/Shutterstock.com; p. 9 Willyam Bradberry/Shutterstock.com; pp. 10-11 Ozgur Coskun/Shutterstock.com; p. 12 Redchanka/Shutterstock.com; p. 15 keiki/Shutterstock.com; p. 16 Albert Russ/Shutterstock.com; p. 17 Peter Hermes Furian/Shutterstock.com; p. 18-19 turtix/Shutterstock.com; p. 20 Danie Nel Photography/Shutterstock.com; p. 21 bubblea/Shutterstock.com.

Fabricado en Estados Unidos de América

Información de cumplimiento CPSIA Lote #WS18RC: Si desea más información póngase en contacto con Rosen Publishing, New York, New York, teléf. 1-800-237-9932

Contenido

El ciclo de las rocas	4
¿De qué están hechas las rocas?	7
Fusión y enfriamiento	8
Rocas ígneas monumentales	10
Capas de rocas	13
Rocas sedimentarias	14
Rocas metamórficas	17
Tras la transformación	18
¡Las rocas cambian!	21
Las rocas importan	22
Glosario	23
Índice	24

El ciclo de las rocas

¿Coleccionaste rocas alguna vez? Si es así, notarías que muchas parecen iguales y muchas son distintas. Las tres clases de rocas de la Tierra son las ígneas, las sedimentarias y las metamórficas. Parecen distintas porque se crearon de manera diferente, pero todas forman parte del **ciclo** de las rocas.

El ciclo de las rocas es la serie de cambios que sufre una roca. Si la roca ígnea se desintegra, se convierte en pequeñas piezas llamadas ***sedimento***. Si este sedimento se **compacta**, se transforma en roca sedimentaria. Conocer el ciclo de las rocas dice mucho sobre su formación, dónde se encuentran y qué aspecto tienen.

El diagrama de la izquierda muestra el ciclo de las rocas.

Las rocas se componen de uno o más minerales. El diamante, por ejemplo, es un mineral.

¿De qué están hechas las rocas?

Si miras a tu alrededor, ¡verás que hay rocas por todas partes! Las rocas conforman la zona sin agua de la capa externa de la Tierra, que se llama *corteza*.

Todas las rocas están compuestas por uno o más minerales, y los minerales son **sustancias** sólidas con la misma estructura fija. Si has visto un diamante o una esmeralda, ¡has visto un mineral! Otros minerales conocidos son el cuarzo y el grafito. Las rocas también suelen contener **compuestos** orgánicos asociados con seres vivos. Como la roca no suele tener una estructura uniforme, se describe en función de cómo se formó o cómo encaja en el ciclo de las rocas.

Fusión y enfriamiento

La palabra latina *ignis* significa "fuego", lo que describe a la perfección una roca ígnea. Estas rocas provienen del magma, o roca fundida, que se **origina** dentro de la Tierra, donde hay temperaturas muy altas. Sin embargo, cuando el magma sube se encuentra con temperaturas más bajas, se enfría y se endurece. Si se solidifica en la superficie, se llama *roca intrusiva*. Este tipo de roca se enfría muy despacio, lo que permite el crecimiento de grandes cristales.

Si el magma sale debido a la erupción de un volcán, se llama *lava*. Cuando la lava se solidifica, la roca resultante se llama *extrusiva*. Esta roca se endurece muy deprisa, porque está expuesta a las frescas temperaturas del aire. Sus cristales son muy pequeños.

Las rocas ígneas se forman a partir del magma o de la lava.

Rocas ígneas monumentales

Hay más de 700 tipos de rocas ígneas. Las intrusivas y las extrusivas se distinguen por el tamaño de sus cristales. Los cristales de las rocas extrusivas son a veces tan pequeños ¡que solo se ven con microscopio!

El granito es un tipo de roca ígnea intrusiva muy útil para los humanos. Se usa con frecuencia

El Monte Rushmore, de Dakota del Sur, se talló en granito.

en la construcción porque es muy dura. Un famoso **monumento** de granito es el Monte Rushmore, que honra a cuatro presidentes estadounidenses. Se esculpió en un pico granítico de Dakota del Sur.

La obsidiana, una roca ígnea extrusiva, es un cristal volcánico que puede ser muy afilado. Las civilizaciones primitivas la usaron para fabricar puntas de flechas y de lanzas, y hojas de cuchillos.

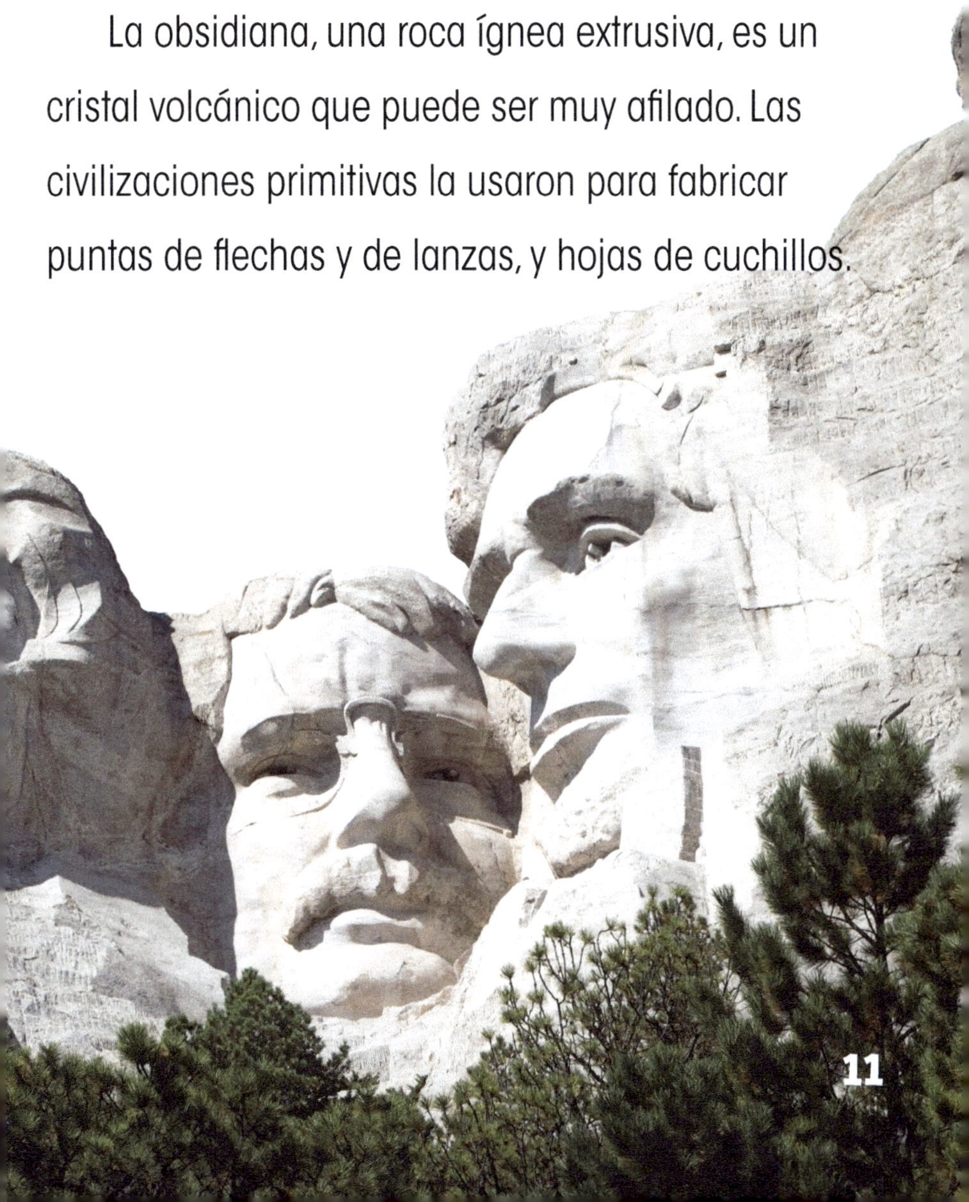

Los fósiles son restos petrificados de animales o plantas del pasado.

Capas de rocas

Con el tiempo, el viento y la lluvia fragmentan las rocas de la superficie terrestre. Este proceso se llama ***erosión***. Si el agua recoge sedimento cuando corre río abajo, lo lleva a otros lugares. Si el sedimento se acumula capa tras capa, se vuelve muy pesado. Ese peso lo cementa y lo convierte en roca sólida, llamada *sedimentaria*.

Las rocas sedimentarias constituyen solo un 5 % de las rocas de la corteza terrestre. Sin embargo, forman parte de la mayoría de las rocas superficiales. Muchos fósiles se encuentran en ellas. Los fósiles son los restos petrificados de animales o plantas que vivieron hace millones de años. ¿Tienes algún fósil?

Rocas sedimentarias

¡Quizá haya rocas sedimentarias en tu casa! La lutita se forma por capas de limo, arena y barro. Es notable porque se exfolia, se parte en capas, con facilidad. En trocitos muy finos y mezclada con agua sirve para hacer arcilla, con la que a su vez se fabrican ladrillos, tejas y macetas.

La tiza proviene de la caliza, una roca sedimentaria compuesta sobre todo por el carbonato de calcio de los depósitos de caparazones y coral situados en aguas profundas. Este tipo de tiza se utilizaba para escribir en los encerados antes de hacerse con un mineral llamado *yeso*. Una impresionante estructura caliza puede contemplarse en los White Cliffs ("Acantilados Blancos") de Dover, en Kent, Inglaterra.

Los White Cliffs de Dover, en Kent, Inglaterra, son un gran ejemplo de roca sedimentaria.

Placa de Juan de Fuca
Placa Norteamericana
Placa de Cocos
Placa del Caribe
Placa del Pacífico
Placa de Nazca
Placa Sudamericana
Placa de Scotia
Placa Euroasiática
Placa Arábiga
Placa Africana
Placa India
Placa del Pacífico
Placa Filipina
Placa Australiana
Placa Antártica

Rocas metamórficas

Cuando una roca ígnea o sedimentaria se altera, o cambia, debido a fuerzas físicas o químicas, se transforma en metamórfica. Cualquier roca puede convertirse en metamórfica. La corteza terrestre se compone de muchas placas **tectónicas**, que son grandes extensiones rocosas en movimiento. A lo largo del tiempo, los choques entre esas placas originan montañas y masas de agua, como lagos y océanos. La gran cantidad de calor y presión que provocan esos movimientos tectónicos deforma y cambia las rocas preexistentes, y las hace muy densas y pesadas; ¡y muy distintas! Si las rocas metamórficas se funden, se convierten de nuevo en rocas ígneas; si salen a la superficie y se desintegran, terminan siendo rocas sedimentarias.

La corteza terrestre se compone de enormes placas tectónicas.

Tras la transformación

El mármol es un ejemplo de roca metamórfica. En principio, el mármol es caliza, una roca sedimentaria, pero durante la **transformación** metamórfica sus cristales cambian y se agrandan. Además, los fósiles de plantas y animales marinos que contiene dejan de ser visibles cuando se someten a gran cantidad de calor y presión.

Como el mármol es bello, sirve para construir monumentos. El Taj Mahal, una de las Nuevas Siete Maravillas del Mundo, es un inmenso **mausoleo** en Agra, India. Su exterior es de mármol blanco.

La pizarra es una roca metamórfica que proviene del esquisto. Se utiliza por todo el mundo en suelos y tejados, porque se corta en láminas con facilidad y es impermeable.

La fachada, o parte exterior, del impresionante Taj Mahal, en India, está hecha con mármol blanco.

¡El ciclo de las rocas no se detiene!

¡Las rocas cambian!

Aunque una roca cambia sin parar debido a la erosión, al calor o a la presión, le lleva mucho tiempo completar el ciclo. ¡De hecho, lleva miles de años! Todas las rocas siguen una trayectoria distinta en el ciclo de sus transformaciones. Si la sedimentaria se transforma en metamórfica, suele desintegrarse en sedimentos y convertirse de nuevo en sedimentaria. También puede fundirse y llegar a ser ígnea.

El ciclo continúa, y las rocas nunca se quedan exactamente como son ahora. Mira bien las de tu colección. En unos miles de años ¡parecerán muy distintas!

Las rocas importan

Las rocas son importantes para la sociedad. Se han usado como herramientas para construir civilizaciones. Con ellas se hacen los edificios donde vivimos; las herramientas necesarias para la agricultura y la ganadería, que nos proporcionan alimentos; o las joyas que llevamos. La obsidiana, roca ígnea, se utiliza incluso en cirugía, ¡porque se afila mejor que el acero!

El ciclo de las rocas demuestra que la Tierra cambia sin cesar, mediante la **formación**, descomposición y recomposición de la materia mineral y orgánica. Ese ciclo ha conformado el planeta durante miles de millones de años, y sigue haciéndolo. Alzar una roca en la mano, ¡es como sostener un pedazo de historia!

Glosario

ciclo: Serie de cosas que se repite.

compactar: Obligar a juntarse.

compuesto: Algo que se forma al combinar dos o más partes.

erosión: Desgaste provocado por el agua, el viento o el hielo.

formación: Acto de formar o crear algo.

mausoleo: Una gran tumba.

monumento: Prueba, recuerdo o ejemplo perdurable de algo o alguien grande o notable.

originar: Empezar, provocar.

sedimento: Materia, como piedras y arena, que el viento, el agua o el movimiento terrestre acarrean hacia la tierra o el agua.

sustancia: Materia con una cierta composición química.

tectónico: Perteneciente o relativo a la estructura de la corteza terrestre.

transformación: Cambio.

Índice

C

ciclo, 4, 5, 7, 20, 21, 22

compactar, 4, 5

compuesto, 7

E

erosión, 4, 13, 21

extrusiva, 8, 10, 11

F

formación, 5, 22

fósil, 12, 13, 18

I

ígnea, 4, 5, 8, 9, 10, 11, 17, 21, 22

intrusiva, 8, 10

M

magma, 4, 8, 9

mausoleo, 19

metamórfica, 4, 17, 18, 19, 21

mineral, 6, 7, 14, 22

monumento, 11, 19

O

originar, 8, 17

S

sedimentaria, 4, 5, 13, 14, 15, 17, 18, 21

sedimento, 4, 5, 13, 21

sustancia, 7

T

tectónico, 17

transformación, 5, 17, 18, 21